AF250412

LA RÉORGANISATION

DE L'ALGÉRIE

LA

RÉORGANISATION
DE L'ALGÉRIE

LETTRE

A

S. A. I. LE PRINCE NAPOLÉON

Chargé du Ministère de l'Algérie et des Colonies

PAR

CLÉMENT DUVERNOIS

Ancien rédacteur en chef du journal LA COLONISATION, *d'Alger*

DEUXIÈME ÉDITION

ALGER

DUBOS FRÈRES, IMPRIMEURS-LIBRAIRES

PARIS. — JUST ROUVIER, rue de l'École de Médecine, 20

Juillet 1858

Un décret vous a nommé Ministre de l'Algérie et des Colonies, et ce décret, n'en doutez pas, sera salué en Algérie par de sincères acclamations. Tout vous sourit donc à la fois, et vous trouvez, réunies pour vous encourager, la confiance du Souverain et celle du pays dont on vous remet le sort.

En ce moment de triomphe, Prince, permettez à un simple algérien de vous dire ce qu'il pense de la situation. On assure, et je crois, que vous aimez la vérité, même quand elle n'est pas à demi cachée sous des fleurs de langage : c'est ce qui m'enhardit.

Si l'honneur qui vous est échu était advenu à quelqu'un de mes amis, je tremblerais pour cet ami, je l'avoue, car la situation que vous avez acceptée est de celles qui écrasent si elles n'immortalisent pas.

Depuis vingt-huit ans, l'Algérie vit au jour le jour, sans qu'elle ni personne sache trop pourquoi ni comment elle vit. Le public s'en est aperçu depuis longtemps et voit fort bien les causes qui empêchent la Colonie de prospérer. Il paie, bon an mal an, 50 ou 60 millions de déficit, sans se demander si cela est bien nécessaire, heureux seulement qu'on mette en tête de la carte à payer : Pour frais de gloire nationale. Mais là se borne l'aménité de ce bon public, et si l'on vient lui parler d'émigrer en Algérie ou d'y placer ses capitaux, il hausse les épaules.

Par le seul fait de votre arrivée à la tête des affaires, l'indifférence du public va cesser.

« Tiens, tiens, tiens, se dira-t-on, le Gou-
» vernement veut donc enfin s'occuper de l'Al-
» gérie! Car ce n'est évidemment pas pour rien
» qu'on a fait passer la direction de ce pays des
» mains d'un général à celles d'un prince. »
Si, après cela, vous marchez résolument,
vous conquerrez une popularité durable autant
que méritée ; mais, si le malheur voulait que
vous ne fissiez rien, vous tomberiez bientôt
dans l'oubli, la pire chose qui puisse écheoir
à l'homme d'État.

Et, je m'empresse de le dire, cette dernière
supposition, Prince, n'a rien qui puisse vous
choquer ; je suis parfaitement sûr que vous
voulez faire et bien faire, mais je compte les
intérêts froissés, les ambitions inassouvies que
vous allez rencontrer sur votre chemin. J'entends d'ici tout l'arsenal de raisonnements
spécieux auquel on aura recours pour vous
jeter dans la voie où vos prédécesseurs ont
buté. Il est vrai que, pour vous diriger au
milieu de l'obscurité, vous avez un guide sûr :
l'étude du passé, qui vous engagera à faire

précisément le contrepied de ce qui a été fait.

Ceci, Prince, peut sembler un paradoxe ou tout au moins une exagération : cette apparence est trompeuse, et c'est précisément pour vous le démontrer que j'ai pris la liberté de vous adresser cette lettre.

On ne manquera pas, en effet, de vous dire que le mal est moins grand que nous ne l'affirmons ; qu'en changeant quelques hommes inhabiles, qu'en supprimant quelques rouages inutiles, et en en créant d'autres, on modifiera assez la situation pour la rendre excellente. C'est contre de pareilles doctrines que je voudrais vous prémunir.

Depuis vingt-huit ans, deux systèmes sont en présence en Algérie : le système anti-colonisateur et le système colonisateur.

Le système anti-colonisateur, qui jusqu'ici a seul triomphé, considère la colonisation comme l'accessoire de l'occupation.

En théorie, il déclare tantôt que les colons ne veulent pas venir en Algérie, tantôt que les européens ne peuvent pas y vivre, tantôt qu'ils ne savent pas y travailler. Il veut qu'on colonise un peu, mais pas trop : assez pour pouvoir faire des Expositions permanentes ou temporaires, pas assez pour que la colonisation couvre le pays.

Dans la pratique, il est fort conséquent avec lui-même, et il a pris trois grosses mesures qui le résument tout entier :

Isolement systématique du peuple conquis ;

Inconstitution de la propriété ;

Subordination à l'État de tous les efforts individuels.

Pour isoler le peuple arabe, on lui a laissé ses chefs qui l'oppriment ; on l'a placé sous la direction d'une administration spéciale ; on a créé tout exprès pour lui un personnel judiciaire spécial ; enfin, au moment où vous êtes arrivé, on lui organisait un enseignement public spécial, dont le collége arabe d'Alger présente un premier échantillon.

L'inconstitution de la propriété était à la fois une conséquence logique de l'isolement et un moyen de le perpétuer. En accordant à

chaque tribu je ne sais quel droit de jouis-
sance collective sur un espace qu'on s'est bien
gardé de déterminer, on a consacré l'organisation de la tribu, l'oppression des masses qui
cultivent sans posséder le sol, par les chefs
qui distribuent le sol et ne le cultivent pas. En
interdisant à la tribu le droit de vendre la terre,
on enfermait à tout jamais la colonisation dans
d'étroites limites. — A-t-on assez bien réussi?
D'une part le nombre des hectares cultivés
en territoire arabe, et l'étendue du territoire de
colonisation d'autre part, vous le diront assez.

La subordination des manifestations de l'individu n'a été ni moins complète, ni moins
efficace. On a tout règlementé, agriculture,
commerce, industrie. On a parqué les émigrants dans des villages. On a placé la propriété sous le régime du bon plaisir.

Tout cela, je le répète, est logique; mais,
par cela même, tout cela est à renverser de
fond en comble. Il ne suffit pas, vous le com-
prenez bien, Prince, de changer quelques
hommes ou quelques rouages.

Une charrue attelée sens devant derrière ne fonctionne pas, et elle ne fonctionnera pas mieux si l'on se borne à changer les chevaux ou à réparer l'instrument : il faut, si l'on veut que les choses marchent, disposer autrement l'attelage afin qu'il s'efforce dans un autre sens.

Ainsi, pour sortir de la situation que vous ont léguée vos prédécesseurs, vous allez évidemment chercher à réagir contre leur système ; sans cela, votre arrivée aux affaires n'aurait aucune portée. Vous allez donc prendre les trois mesures contraires aux leurs, c'est-à-dire :

Assimilation du peuple vaincu au peuple conquérant ;

Constitution de la propriété ;

Émancipation de l'individu.

Pour l'assimilation du peuple vaincu, les uns vous proposeront de conserver provisoirement les bureaux arabes en les règlementant, en rognant chaque jour une de leurs attributions.

Ah ! Prince, gardez-vous de suivre ce conseil, car il est perfide !

Vous, que les journaux proclament un ami des libertés publiques, ne pactisez pas, même en apparence, avec l'illégalité et l'exaction ! Si vous n'êtes pas un réformateur, l'Algérie n'a pas besoin de vous; si vous êtes un réformateur, chassez les marchands du temple !

Et ne croyez pas qu'il vous soit possible de maintenir le bureau arabe en supprimant l'illégalité. Si vous voulez que deux ou trois officiers vous garantissent la sécurité sur une étendue plus grande que deux départements français; que, sur cette étendue, ils administrent, il rendent la justice, ils gèrent les finances, vous êtes obligé de les armer en conséquence.

On parle de rogner les attributions des bureaux arabes.

Espérance illusoire ! Car vous aurez forgé de vos propres mains, par la consécration de l'aristocratie arabe, par le maintien d'une administration spéciale, les armes avec lesquelles le bureau arabe vous vaincra. Vous lui aurez donné les moyens de résister à vos réformes, de les détourner à leur but. Puis, quand vous aurez agi assez vigoureusement pour que la résistance ne soit plus possible, le bureau arabe fera jouer les fils secrets de sa politique. Vous verrez surgir tout-à-coup deux ou trois petits chérifs qui soulèveront une partie du pays, et la responsabilité de ce mouvement qu'on ne manquera pas de grossir incombera tout entière aux tentatives de réforme. Alors triompheront les amis du passé, alors reviendra plus que jamais le régime du sabre dont vous avez mission de nous délivrer.

Mais non, Prince, non, tout cela n'arrivera pas, car vous serez ferme, car votre bon sens fera justice des sophismes de l'intérêt froissé et de l'ambition déçue.

Mais j'entends d'autres réformateurs; ceux-là se croient hardis, et proposent la substitution de bureaux arabes civils aux bureaux arabes militaires.

De deux choses l'une :

Ou les bureaux arabes civils auront les mêmes attributions que ceux qui existent, et alors je ne vois pas en quoi consiste la réforme. S'agit-il simplement de substituer des hommes tout de noir habillés, à des hommes en tuniques et en pantalons rouges ? Que m'importe, si les masses sont encore opprimées par une aristocratie de parvenus, si la justice est encore rendue par des moyens extra-légaux, si les impôts arbitrairement assis sont arbitrairement perçus ? et tout cela en votre nom, Prince, car vous êtes Ministre de l'Algérie !

Ou les bureaux arabes civils n'auront que des attributions administratives et n'emploieront que des moyens légaux, et alors je ne vois pas en quoi ils seront plus utiles que des préfectures ou des sous-prefectures, que l'administration ordinaire.

L'administration ordinaire, telle est en effet la base rationnelle de la réforme; sans elle pas de réforme.

Et veuillez bien remarquer qu'ainsi comprise

la question ne présente plus aucune difficulté.

Il y a en Algérie quinze subdivisions, vous en faites quinze départements ; les cercles deviennent des arrondissements, les grosses tribus des cantons, les fractions de tribus des communes ;

Pour la justice, nulle difficulté : l'Algérie serait divisée en un certain nombre de circonscriptions judiciaires avec cour d'appel, tribunaux correctionnels et tribunaux civils ;

Pour les finances, nul embarras : un receveur général dans chaque département avec ses receveurs particuliers et ses percepteurs qui vont de commune en commune recevoir directement l'argent des contribuables.

Mais j'ai à peine eu le temps de définir à la hâte mon système, et j'entends déjà les objections qui se pressent, plus nombreuses que sérieuses, comme vous allez voir.

— Vous êtes des novateurs, sans expérience du passé, sans prévoyance de l'avenir, dit-on. L'installation d'une administration purement civile est dangereuse pour la sécurité ! Elle

n'imposera pas assez de respect aux arabes !
Les indigènes regretteront leurs chefs et leurs
institutions !

Procédons par ordre.

L'installation de l'administration civile sera
dangereuse pour la sécurité. — Pourquoi?

Les bureaux arabes surveillent les arabes,
font arrêter les fauteurs de troubles, et les
punissent par des moyens plus ou moins légaux.
Les préfectures surveilleront les arabes, feront
arrêter les fauteurs de troubles, et les feront
punir légalement.

Les bureaux arabes, si une révolte éclatait,
ne pourraient agir directement puisqu'ils n'ont
pas de troupes : ils préviendraient le chef militaire. — Eh bien ! les préfets, en cas de révolte,
requerraient l'intervention de la force armée.
Je m'empresse d'ajouter que cette supposition
de révolte est absurde : si jamais une insurrec-
tion éclate c'est qu'on l'aura voulu, c'est qu'on
l'aura préparée de longue main.

Ainsi l'installation de l'administration civile
ne saurait troubler la sécurité.

Pourquoi nos préfets n'imposeraient-ils pas le respect aux arabes ? Parce qu'ils auront un habit noir ? Pauvre raison ! Croyez le bien, Prince, les arabes ne sont pas si niais qu'on veut bien le dire. Ils honorent l'uniforme, cela est vrai; mais ils honorent surtout le grade. Si, en Algérie, ils ne respectent pas l'autorité civile, c'est parce qu'ils ont vu bien vite qu'en Algérie, l'autorité civile est la très-humble servante de l'autorité militaire, c'est parce qu'on leur a appris à la mépriser.

On dit enfin que les arabes regretteront leurs chefs et leurs institutions, mais vous savez, Prince, ce que vaut cette objection. Vous savez qu'en France une poignée d'honnêtes gens s'efforce de nous démontrer que nous regrettons le bon temps de la dîme, de la corvée, de la propriété aristocratique et des lettres de cachet. Vous savez combien sont cuisants nos regrets à l'endroit de ces bonnes coutumes, et vous pouvez mesurer par là les regrets des arabes, débarassés par vous de la dîme, de la corvée et de l'aristocratie.

Mais, disent d'autres partisans du *statu quo*, comment ferez-vous pour traiter légalement un peuple qui pratique la polygamie et le divorce ?

Ici, je l'avoue, je suis embarrassé ; non que l'objection me semble formidable, mais parce que j'y vois deux solutions.

L'une radicale et qui, par cela même, me convient : la suppression du mariage civil en Algérie. Elle est d'une triomphante efficacité : l'arabe se marie deux ou trois fois si bon lui semble ; le français, pur catholique, se marie à perpétuité ; le belge ou l'anglais se marie sous clauses résolutoires ; chacun à sa guise, chacun d'après sa loi religieuse, chacun d'après sa conscience, sans que jamais le bras séculier intervienne dans des choses qui ne le regardent pas. Par cela seul, l'Algérie devient une terre de liberté, refuge de tous ceux qui aiment à respirer librement.

L'autre, moins hardie, conviendra mieux pour cette raison à notre caractère national : elle consiste à admettre provisoirement la polygamie, en prenant toutes les mesures propres à en diminuer la mise en pratique. Les arabes ont quatre femmes, non par sensualité, mais par nécessité. N'ayant pas sous la main les industries qui sont indispensables à la vie, ils les remplacent par l'industrie de la tente. Leurs femmes sont à la fois leur meunier, leur boulanger, leur tailleur, leur tisserand et même leur maçon puisque c'est elles qui fabriquent la tente en poil de chameau. L'introduction des européens en territoire arabe y amènera l'installation de l'industrie, et l'installation de l'industrie portera un coup terrible à la polygamie, en en détruisant la cause principale.

Ensuite, on pourra déclarer que tout arabe désirant un emploi, devra, au préalable, accepter la monogamie. Le Koran ne la lui interdit pas; loin de là, il la lui recommande. Vous pouvez être assuré que le désir d'être maire, adjoint au maire ou membre du conseil communal fera de nombreuses recrues à la monogamie.

Mais je n'insiste pas sur ces points, car il me répugne de rechercher les moyens propres à supprimer la polygamie. J'aimerais bien mieux qu'on se bornât à en supprimer les causes matérielles par l'installation de l'industrie, les causes morales par la diffusion des lumières ; laissant d'ailleurs une liberté complète aux maladroits qui voudraient s'embarrasser de quatre femmes. J'ai voulu seulement montrer que, même en prenant notre Code civil pour base de l'organisation, l'organisation n'est pas impossible.

Je n'ai examiné jusqu'ici que les objections qui ont pour base une connaissance inexacte du peuple arabe. J'en vois deux d'un autre ordre : la difficulté de recruter le personnel nombreux, la dépense que cette organisation occasionnera.

La difficulté de recruter le personnel me touche peu : je suis certain que vous n'avez qu'à frapper du pied le sol pour en faire jaillir des nuées d'aspirants, car en France tout le

monde désire plus ou moins être gouvernement. Aussi trouverez-vous bien certainement
plus de préfets, de sous-préfets et de commis
qu'il ne vous en faudra. Que vos choix soient
tous excellents du premier coup, nul ne saurait
le garantir; mais il est certain que vos délé-
gués vaudront au moins les officiers des affaires arabes, pris au hasard dans les rangs de
l'armée. Tous ne sauront pas parler la langue
arabe, mais il suffit, au moins dans le principe,
que chaque préfecture ou sous-préfecture
compte un ou deux employés sachant cette
langue. Or, il y aura en Algérie, quinze départements et environ une vingtaine d'arrondissements : il faudra donc en tout soixante
employés connaissant la langue arabe. Dès à
présent, on peut les trouver dans les préfectures
algériennes où dans les commissariats civils.

Pour la perception des impôts, l'embarras
ne sera pas plus grand : le service des contributions diverses compte un grand nombre de
jeunes gens qui savent l'arabe.

Quant à la justice, le recrutement du personnel ne présente aucun embarras sérieux, et, dans le corps des interprètes militaires, on trouvera d'excellents interprètes assermentés.

Reste la question de la dépense.

Celle-là sera bien certainement mise en avant par les partisans de l'ancien système qu'ils présentent comme le dernier terme du bon marché. Je me bornerai à leur faire remarquer que leur bon marché a coûté à la France deux milliards; qu'après vingt-huit ans de leur administration à juste prix, un pays qui, de par sa nature, devrait se suffire, coûte encore à la France 50 ou 60 millions chaque année.

Je ne veux pas embarasser de calculs cette courte lettre, mais il me serait bien facile de démontrer que la bonne perception des impôts donnera dès la première année un excédant de recette suffisant pour couvrir la dépense nouvelle.

D'ailleurs, il y a ici une question de dignité, Prince, et ce n'est pas, je crois, une question d'argent qui vous ferait attacher votre nom à une administration illégale. Vous savez que vous avez charge d'âmes en Algérie, et vous saurez où trouver de l'argent quand il s'agira de soustraire une population de deux millions d'âmes à la justice du bon plaisir, à l'administration du caprice.

Ainsi vous le voyez, Prince, l'assimilation administrative des arabes est chose simple et facile. Vous avez vu tomber une à une toutes les objections qu'on pourrait y faire.

Mais, pour être efficace, cette assimilation doit être complété par la constitution de la propriété individuelle, et là encore vous ne rencontrerez aucun obstacle sérieux.

Après avoir validé les titres des indigènes, fort rares, qui ont des titres, on procèdera au partage du surplus entre les arabes et la colonisation. Chaque famille arabe recevra en toute propriété une étendue plus ou moins considérable, mais qui pourrait avoir, en moyenne, une superficie de dix hectares. Le surplus des terres demeurera entre les mains de l'État qui le livrera aux émigrants.

Cette mesure paraît simple, juste, démocratique; elle semble défier les arguties, et pourtant elle a été l'objet de mille attaques.

On lui reproche d'être arbitraire, d'être antipathique aux arabes et, par ce fait, de nous menacer d'un soulèvement général.

On dit qu'elle est antipathique aux arabes, et cela prouve qu'on ne connaît aucunement le caractère des arabes, ni même le caractère de l'homme en général.

L'homme aime à être propriétaire: toute mesure qui a pour effet de rendre la propriété accessible aux masses est donc populaire. L'arabe plus que tout autre a le sentiment de la propriété très-développé.

Mais, dit-on, après l'exécution du cantonnement les étendues que les arabes occupaient seront moins considérables.

Oui, certes, mais cela ne les gênera aucunement. Aujourd'hui, ils ont besoin de beaucoup de terres, pourquoi? Parce qu'ils cultivent mal, Parce que sur dix hectares non débroussaillés ils obtiennent moins qu'ils n'obtiendraient sur cinq hectares bien entretenus. Pourquoi ne font-ils pas mieux ? Parce qu'ils ne sont pas propriétaires, et que nul ne s'avise de défricher, de fumer, d'entretenir un champ qui l'année suivante sera peut-être entre les mains d'un autre, que son bon état seul désignerait à l'accaparement du caïd.

Que le cantonnement déplaise aux chefs qui exploitent les masses, je ne dis pas non ; mais on peut être certain que la constitution de la propriété individuelle sera accueillie par les masses comme un immense bienfait, comme un acte de justice et d'émancipation.

On dit que le cantonnement est une mesure arbitraire ; que nous ne devons pas profiter d'un droit que nous ont légué les turcs.

Nous avons accepté l'héritage des turcs avec son passif : pour détruire les suites de l'incurie des turcs, il nous a fallu faire des routes, dessécher des marais, rétablir l'ordre troublé depuis des siècles, cela nous a coûté des centaines de millions ; il me semble que cela nous donne quelques droits à prendre aussi l'actif de l'héritage, surtout si nous ne le prenons que pour améliorer le sort des arabes.

Ainsi, pas plus que l'assimilation administrative, la constitution de la propriété ne saurait rencontrer d'obstacles sérieux.

Pour ce qui est de l'émancipation des colons et de la colonisation, il est bien certain qu'elle n'est pas difficile à accomplir, puisqu'il s'agit simplement de vouloir bien ne rien faire. Mais que d'embarras pour le gouvernement qui veut prendre un pareil parti !

A votre porte est assise, Prince, toute une bande de gens fort honnêtes et on ne peut mieux intentionnés qui ont chacun un petit système tout prêt à vous offrir. L'un voudrait voir fonder des villages départementaux, l'autre vous demande quelques centaines de millions pour peupler l'Algérie de nègres, son voisin préfère les chinois, celui-ci n'a foi que dans les mahonnais, tandis que celui-là ne veut que des français. Puis, viennent à la file toutes les industries qui demandent à être encouragées, c'est-à-dire subventionnées.

Mais, Dieu merci ! le temps des subventions, des protections, des règlementations, des systèmes, est enfin passé, je l'espère du moins. Permettez-moi pourtant de placer ici une toute petite observation.

Le système des concessions sous clauses résolutoires avait cela de déplorable, qu'étant très-mauvais, il charmait à la fois le solliciteur et le sollicité. Le solliciteur se trouvait alléché par ces mots magiques de *terres pour rien !* De son côté, le sollicité croyait faire acte de démocratie en livrant la terre à des gens sans ressources. Cela doit vous faire prévoir un nombre formidable de réclamations, mais c'est le cas ou jamais d'être radical, car si malheureusement vous acceptiez l'application de ce système, même exceptionnellement, c'en serait fait des idées de liberté. Bientôt vous vous trouveriez en présence d'une masse considérable de colons qui ne pourraient marcher d'eux-mêmes, et qu'il vous faudrait protéger et subventionner, comme faisaient vos prédécesseurs.

Et voyez, Prince, jusqu'à quel point on a raison de se montrer ennemi de l'intervention de l'État. Tandis que l'agriculture, l'industrie et le commerce rendus libres marcheront d'un pas sûr et décidé, combien l'administration, dégagée de mille préoccupations futiles, débarassée de mille soucis, ne pourra-t-elle pas consacrer de temps à l'élaboration des grandes mesures d'utilité publique. La question des voies de communication la frappera tout d'abord, puis viendra la question de l'aménagement des eaux, celle du dessèchement des marais, celle des relations commerciales à nouer avec le sud, et mille autres que je ne vois pas en ce moment. N'y a-t-il pas là de quoi occuper suffisamment une administration active et intelligente ? Est-il besoin qu'elle aille chercher chicane à tel ou tel qui n'a planté que vingt arbres au lieu de trente ?

Je vous ai dit, Prince, à peu près tout ce que je voulais vous dire, et je l'ai fait plus longuement que je ne le présumais; mais puisque je suis en train de dire ce que je pense, permettez-moi de manifester une crainte qui m'assiége en ce moment : je crains une enquète; je crains que, dans l'excellente intention de vous éclairer, vous n'envoyiez des commissaires sur les lieux.

Pour bien vous faire comprendre que ma crainte est fondée, permettez-moi de vous présenter une monographie de l'enquête.

Un commissaire part de France avec l'intention formelle d'aller contrôler les actes des chefs de bureau arabe. Après avoir fait à Alger un petit séjour, il arrive dans une ville de l'intérieur. Tout le long de sa route il a trouvé, de distance en distance, des relais tout préparés. Au moment d'arriver, il aperçoit un nuage de poussière : c'est une cavalcade qui vient à sa rencontre, conduite par le général. Le soir, il dîne avec le commandant de la subdivision, et le lendemain il commence à s'occuper de sa mission, et se rend au bureau arabe.

Il demande à voir le livre de caisse.

— Rien de plus facile, dit le chef du bureau arabe, car nous n'avons guère de maniements de fonds. Tout se borne chez nous au paiement des cavaliers, à l'entretien de la maison des hôtes et à quelques menus frais.

Après vérification du livre, le dire du capitaine se trouve être tout-à-fait exact.

Cependant le commissaire s'est assis.

— Vous êtes venu, monsieur, pour examiner notre administration, dit le chef du bureau arabe, et pour ma part j'en suis bien aise. Depuis quelque temps nous sommes l'objet d'accusations aussi nombreuses qu'injustes, et il est heureux que nous puissions enfin nous en laver. Voulez-vous, monsieur, que je vous mène demain matin dans la tribu des Beni***, vous pourrez voir là, par vous-même, comment les choses se passent.

Le commissaire s'empresse d'accepter.

Le lendemain, dès cinq heures du matin, il entend devant sa porte un bruit à réveiller un sourd ; des hennissements de chevaux, des cris gutturaux, des coups redoublés frappés à sa porte : il se lève enfin. Un cavalier, drapé dans son burnous, entre et lui baise la main ; d'autres arrivent qui font de même. Bientôt sa chambre est complètement envahie.

— Parbleu ! se dit le commissaire, voilà une bonne occasion de savoir la vérité. Interrogeons ces hommes à l'air naïf.

Depuis la veille, l'honorable commissaire s'est muni d'un petit juif qui lui sert d'interprète.

— Comment t'appelles-tu ? dit-il à l'un des arabes.

— Mohammed ben Ali.

— Qu'est-ce que tu fais ?

— Je suis cousin du caïd que tu vas visiter.

— Fort bien ! On dit en France que vous n'aimez pas les chrétiens.

Chœur général :

— Nous ! Ne pas aimer les chrétiens ! Peut-on dire des choses pareilles ! Vous êtes nos pères ! Nous sommes vos enfants ! Avant votre arrivée, tout le monde était pauvre ; aujourd'hui tout le monde est riche ! etc., etc.

— En vérité, se dit le commissaire, ces gens ont l'air fort contents, et s'ils étaient bien mal menés ils nous aimeraient moins. Voyons pourtant.

Ecoutez, je suis envoyé ici par le Sultan pour rendre la justice, si quelqu'un d'entre vous a à se plaindre, qu'il parle, je l'écoute.

Dialogue au fond de la salle :

— Ce *roumi* a l'air bon enfant ! J'ai bien envie de lui dire que cette année j'ai payé deux fois l'impôt à mon caïd, et que ce caïd m'a promis de me donner cent coups de bâton si je réclamais.

— Et si je disais, moi, que je suis de toutes les corvées pour m'être plaint une seule fois d'une corvée commandée par mon caïd ? Maintenant c'est toujours moi qu'il désigne.

— Oui, mais, demain, ce roumi sera loin et le caïd sera là avec son bâton, ses amendes, ses réquisitions. Il peut même nous porter sur la prochaine liste des mauvais garnements et nous faire envoyer en France.

— C'est vrai ! Taisons-nous !

Chœur général :

— Nous plaindre ! Et de quoi nous plaindrions-nous ? Nos chefs ne sont-ils pas de votre main ? Justes et bons comme vous ? C'est surtout depuis que le cap'tâne *** est arrivé que nous sommes contents. Suit une longue énumération des mérites du cap'tâne ***, lequel est nécessairement orné de toutes les vertus cardinales et théologales.

— Mais n'est-il pas un peu sévère, votre capitaine ?

Solo de chaouch :

— Sévère ! Oh ! Par exemple ! Lui, sévère ! Mais c'est le meilleur homme du monde ! Et pourtant, je le lui dis souvent, les arabes ont la tête dure et il faut les mener rudement.

Chœur général, mais intérieur.

— Cela t'est bien facile à dire, chaouch de malheur ! Si tu recevais sur les reins les coups

que tu nous as donnés, tu ne vanterais pas
tant la douceur du cap'tâne.

Entre le chef du bureau arabe. Un instant
après, on se met en route.

Chemin faisant, le digne commissaire paraît
absorbé dans une profonde méditation. Il est
tout surpris de ce qu'il vient d'entendre. Tout
cela lui paraît contraire aux idées générale-
ment reçues.

Arrivé dans la tribu, le commissaire se voit
entouré de soins, et se trouve bientôt en présence d'une copieuse *dîffa*, composée de mou-
tons entiers rôtis à la broche, d'une demi-
douzaine de plats de kouskous, de poulets,
fruits, etc.

LE CAÏD. Tu m'excuseras si je n'ai pu mieux
faire, mais j'ai été pris à l'improviste.

LE COMMISSAIRE. Comment donc, mais tout
cela est fort bien. *(au capitaine)* C'est ce digne
chef qui s'est ainsi mis en frais?

LE CAPITAINE. Oui, monsieur, et il l'eut fait
de même si vous vous étiez présenté seul et
incognito. Les chefs arabes défraient ainsi tous

les voyageurs français. C'est pour cela que nous leur donnons quelques compensations, telles que le produit des marchés.

Chœur général, mais intérieur, des arabes qui regardent et ne mangent pas :

— Que Dieu maudisse ce roumi qui a la fantaisie de voyager ! Dès hier le caïd est venu me demander un mouton, à moi des volailles, à moi des œufs, du beurre, du lait, des fruits.

— Il n'a pas offert le quart de ce qu'il nous a pris. Quel bénéfice il doit faire !

Après le repas le commissaire interroge le caïd et plusieurs arabes pris au hasard. Il apprend nombre de *vérités*, entr'autres celles-ci :

Les impôts sont versés directement par les chefs arabes dans les caisses du receveur des contributions diverses ; nulle oppression du caïd n'est à craindre, car le capitaine est accessible à tous les plaignants ; nulle injustice n'est possible de la part du capitaine, car on se plaindrait au général.

Dénouement :

Le commissaire part enchanté, et fait un rapport admirable ;

Le capitaine est nommé chef de bataillon ;

Les coups de bâton et les amendes vont leur train comme devant ;

Les bureaux arabes ont gagné dix ans d'existence.

Vous devez comprendre après cela, Prince, pourquoi je me méfie des enquêtes, pourquoi je ne crois pas à leur efficacité.

Un simple particulier va partout, entend tout, personne ne cherche à le tromper, parce que personne n'y a intérêt. Un commissaire est gêné par son caractère officiel, il est circonvenu, et, sur un terrain nouveau pour lui, on le trompe sans peine. On met constamment devant ses yeux un prisme et, quand il croit avoir tout vu, il n'a vu qu'une nature de convention, les villages de Potemkin.

Mais j'ai tort d'insister ainsi et j'abuse vraiment de votre patience. Il est certain que vous n'êtes pas sorti de la vie privée, que vous n'avez pas accepté un portefeuille, sans la résolution bien arrêtée d'agir avec énergie.

D'ailleurs, vous irez bientôt en Algérie, dit-on, et peut-être alors la rumeur publique arrivera-t-elle jusqu'à vous : soyez en certain, elle vous répétera ce que j'ai eu l'honneur de vous dire.

Vous verrez bientôt cette Algérie que vous aimez déjà par ouï dire ; vous la verrez, et quand vous aurez apprécié tout ce qu'il y a d'attractif dans son climat, tout ce qu'il y a de vital, d'énergique, de généreux dans cette population qu'on vous a présentée peut-être comme une ignoble bande d'aventuriers, vous aimerez encore davantage l'Algérie, car vous l'aimerez en pleine connaissance de cause.

Alors vous vous indignerez des entraves qu'on apporte au développement de cet admirable pays, et vous les briserez, si vous ne l'avez fait déjà.

Alors seulement vous vous expliquerez et vous excuserez ce qui, dans ma démarche, aura pu vous sembler, de prime abord, présomptueux et inconsidéré.

Je suis avec respect,

Prince,

de Votre Altesse,

Le très-humble et très-obéissant serviteur,

Clément Duvernois.